Título original
You Wouldn't Want to Be a Viking Explorer!

Autor:
Andrew Langley es el autor de una gran cantidad de libros de no ficción para niños y para adultos, muchos de ellos sobre temas históricos. Vive en Bath, Inglaterra.

Ilustrador:
David Antram nació en Brighton, Inglaterra, en 1958. Estudió en la Escuela de Artes de Eastbourne y trabajó en publicidad durante quince años antes de convertirse en artista de tiempo completo. Ha ilustrado numerosos libros de ficción para niños.

Creador de la serie:
David Salariya nació en Dundee, Escocia. Ha ilustrado una amplia gama de libros y ha creado y diseñado muchas series para editores en el Reino Unido y otros países. David fundó la Compañía de Libros Salariya en 1989. Vive en Brighton con su esposa, la ilustradora Shirley Willis y su hijo Jonathan.

Langley, Andrew
    No te gustaría ser un explorador vikingo / Andrew Langley ; ilustrador David Antram. -- Bogotá : Panamericana Editorial, 2011.
    32 p. : il. ; 24 cm.
    Incluye índice.
    Título original. : *You Wouldn't Want to Be a Viking Explorer.*
    ISBN 978-958-30-3805-1
    1. Vikingos - Literatura juvenil 2. Vikingos - Historia - Literatura juvenil I. Antram, David, 1958-   , il. II. Tít.
I948.022 cd 21 ed.
A1304518

    CEP-Banco de la República-Biblioteca Luis Ángel Arango

Editor
Panamericana Editorial Ltda.
Dirección editorial
Conrado Zuluaga
Edición en español
Luisa Noguera Arrieta
Traducción
María Patricia Esguerra

Primera edición en Panamericana Editorial Ltda., septiembre de 2011

© The Salariya Book Company Ltd
© 2011 de la traducción al español: Panamericana Editorial Ltda.
Calle 12 No. 34-30, Tels.: (571) 3603077 – 2770100
Fax: (571) 2373805
www.panamericanaeditorial.com
Bogotá D.C., Colombia

ISBN 978-958-30-3805-1

Impreso por Panamericana Formas e Impresos S.A.
Calle 65 No. 95-28, Tel.: (571) 4300355, Fax: (571) 2763008
Bogotá D.C., Colombia
Quien solo actúa como impresor.

Impreso en Colombia   *Printed in Colombia*

¡No te gustaría ser un explorador vikingo!

¡A la caaarga!

Viajes que no querrías hacer

Escrito por
Andrew Langley

Ilustrado por
David Antram

Creado y diseñado por
David Salariya

PANAMERICANA
EDITORIAL

Contenido

Introducción

riginalmente el pueblo vikingo vivió en pequeñas comunidades en Escandinavia al norte de Europa, dedicados a la agricultura, la ganadería, la pesca y el comercio de bienes con sus vecinos. Cada comunidad estaba gobernada por un rey o cacique y para el año 790 la población había crecido tanto, que los vikingos comenzaron a explorar otras tierras en busca de territorios y botines. Los asaltantes cruzaron el mar para atacar Inglaterra, Irlanda y Escocia. Con sus veloces barcos largos y sus métodos sanguinarios, aterrorizaron los pueblos de la costa e incautaron extensas áreas de tierra.

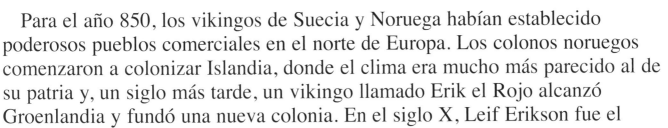

Para el año 850, los vikingos de Suecia y Noruega habían establecido poderosos pueblos comerciales en el norte de Europa. Los colonos noruegos comenzaron a colonizar Islandia, donde el clima era mucho más parecido al de su patria y, un siglo más tarde, un vikingo llamado Erik el Rojo alcanzó Groenlandia y fundó una nueva colonia. En el siglo X, Leif Erikson fue el primer vikingo en cruzar el océano desconocido hacia el occidente y aventurarse a Norteamérica.

Como joven vikingo, estás ansioso por unirte a otro grupo de exploradores que sigan las huellas de Leif en busca de una nueva vida en cualquier parte. Viajarás extensas distancias a través del océano Atlántico en un barco largo, a la costa de un nuevo continente. Será un viaje difícil y peligroso; ¡realmente no querrás ser un explorador vikingo!

Groenlandia: En busca de una salida

Los vikingos descubrieron Groenlandia alrededor del año 982. Su líder, Erik el Rojo, pensó que era un buen lugar para establecerse, así que navegó de regreso a Islandia para contárselo a su pueblo. Erik la llamó "tierra verde" para hacerles pensar que era una tierra rica para la agricultura así como rica en caribúes y peces para alimentarse, y osos y zorros para cazar por sus pieles. Lo siguieron al nuevo país cientos de vikingos y tú eras uno de ellos. ¡Pero qué decepción! La tierra no era verde ni mucho menos –era fría y se daban pocos cultivos. ¿Cómo puedes escapar para encontrar una vida mejor?

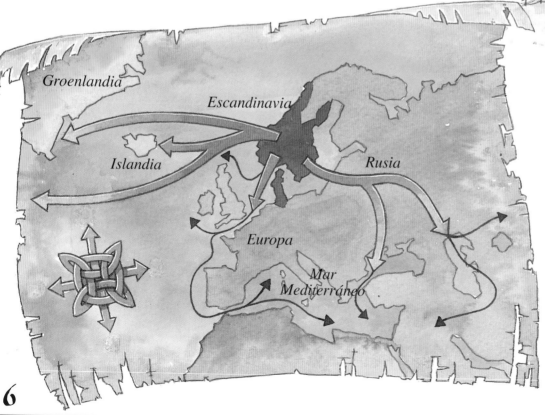

Groenlandia

Escandinavia

Islandia

Rusia

Europa

Mar Mediterráneo

El mundo vikingo

Los vikingos se dispersaron fuera de Escandinavia en busca de nuevas tierras y para liberarse de sus duros gobernantes. Algunos fueron a través de Europa, alcanzando Rusia y el Mediterráneo. Otros viajaron al occidente a lo que se conoce hoy como Islandia, Groenlandia y Norteamérica.

Mi nombre es Radnor Lothbrok (pantalones peludos). Mi vida es aburrida, aburrida, aburrida...

Consejo práctico

¡Olor repugnante!

Trata de no vivir cerca del taller donde curten las pieles de animales para hacer artículos de cuero. ¡El hedor es insoportable!

¡Elígeme!

SE BUSCAN MARINEROS. ¡Thorvald, hermano de Leif Erikson, está planeando una expedición! Va a explorar otras nuevas tierras al occidente, a través del mar, y quiere hombres valientes como remeros de su barco. Tú te ofreces inmedia-tamente como voluntario, estás ansioso por vivir aventuras.

El barco largo

Los miembros de la tripulación cargan el barco con alimentos, agua y otros suministros para el viaje. El barco es largo y estrecho, hecho de tablas de roble curvadas hacia arriba en los extremos. Las tablas están sujetas entre sí con cuñas de hierro y cualquier filtración se sella con alquitrán y pelo de animales.

El barco tiene muy poco calado –la distancia desde el fondo hasta la borda es solo de 1.8 m. A los lados hay 16 agujeros a través de los cuales se deslizan los remos. Los agujeros pueden cerrarse en mares tempestuosos.

¿Qué llevarás contigo?

No hay mucho espacio a bordo. La mayoría de la carga debe almacenarse en un espacio estrecho bajo la cubierta. Estás llevando armas y herramientas, así como barriles de agua. Las gallinas y cabras que viajan contigo te proveerán huevos frescos y leche.

Escudo

Ropa

Hacha

Cuerno para beber

Saco de granos

Caldero

Consejo práctico

En mares agitados, deberás achicar el agua del barco con un balde. ¡No querrás hundirte!

¡Vamos Bjorn! ¡Yo tampoco sé adonde vamos!

TE VAS. Te sientas en tu baúl de marinero y sujetas el remo. El timonel se ubica en la popa, y Thorvald, el jefe, se acomoda en la proa. Él da una orden y todos ustedes, los 32, empiezan a remar. ¡La aventura ha comenzado!

Navegando lejos

La vida en el mar

ada miembro de la tripulación rema con todas sus fuerzas. El barco largo se aleja de la costa y sopla el viento. Thorvald te ordena dejar de remar e izar el mástil. Está hecho de un tronco largo de pino, que los miembros de la tripulación insertan en una ranura en el centro del barco y dejan en posición vertical. Luego izan la pesada vela de lana. Esta se infla pronto con el viento y el barco gana velocidad. El timonel pone el rumbo con un remo especial atado a la popa, manteniendo la costa a estribor (a mano derecha).

DESCANSA. Una vez que se ha desplegado la vela, el viento conduce el barco hacia adelante. Retira tu remo y relájate. No hay refugio en la cubierta, pero te acostumbras pronto al frío.

COME. Con buen tiempo puedes ir a la costa en la noche y encender una fogata para cocinar. Con mal clima el barco permanece en el mar y tienes que masticar el pescado seco frío.

DUERME. Para mantenerte tibio durante la noche, métete entre un saco de piel llamado hudfat, usado para guardar herramientas. ¡Pero debes compartirlo con alguien más!

¡Vamos pequeño Erik! ¡Empuja!

Consejo práctico

Si no puedes ver tierra, observa el vuelo de las aves marinas. Ellas te mostrarán en qué dirección está la costa.

← Pequeño Erik

En lo desconocido

MAREO. El oleaje del mar hace que te sientas enfermo, con dolor de cabeza y somnoliento. Pero después de un par de días te acostumbras al movimiento del barco y te sientes mejor.

GUIADO POR LAS ESTRELLAS. En la noche, el timonel puede hallar su curso buscando la estrella polar, siempre exactamente al norte en el cielo nocturno. Durante el día, se guía por la posición del sol.

Al segundo día, el barco navega más lejos de tierra. Pronto estás en mar abierto y dependerás de las habilidades del timonel y del jefe para que te lleven en la dirección correcta. Es un trabajo difícil porque está lloviendo torrencialmente y el viento encrespa las olas. La lluvia helada tiene empapado tu vestido de pieles, y no hay un lugar seco donde sentarse. Témpanos de hielo sobrepasan el barco, mostrando que el casquete polar Ártico no está muy lejos hacia el norte. Se baja la vela para prevenir que se rompa por los vientos aulladores, y Thorvald ordena que todos tengan listos sus remos. Los remos le facilitan al timonel maniobrar y evitar los peligrosos témpanos de hielo.

VALIENTES EXPLORADORES. Los vikingos navegaron a través de lo desconocido desde Escandinavia hasta alcanzar las islas Feroe, Islandia y Groenlandia. En el año 992, los vikingos fueron los primeros en tocar tierra en lo que hoy se conoce como Norteamérica.

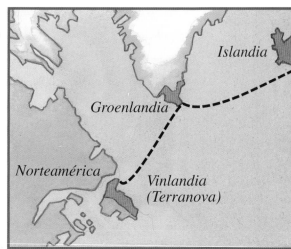

Islandia

Groenlandia

Norteamérica

Vinlandia (Terranova)

¡Perdido! A la deriva en la niebla

na vez el viento ha amainado, se arremolina una espesa niebla alrededor del barco y te hiela hasta los huesos a través de tu ropa mojada. La única cosa que te mantiene tibio es el esfuerzo del remo. Y lo que es peor, no puedes ver nada –han desaparecido detrás de la niebla los témpanos de hielo en el agua y el sol en el cielo. ¿Qué curso debe seguir el timonel? Necesitas pedir ayuda a los dioses. La religión vikinga forma parte de tu vida diaria, sin sacerdotes ni templos especiales. Thorvald es el jefe, así que le reza a Odín, el padre de todos los dioses, y a Thor, el dios del cielo y gobernador de las tormentas.

Hallar el camino

Cuando puedes ver la costa navegar es fácil. Simplemente sigues una serie de marcas conocidas. Es más difícil en mar abierto. Evita los icebergs y los témpanos de hielo, con facilidad, te pueden sacar de curso.

¡Estamos perdidos!

AHÍ VIENE EL SOL. Los dioses responden a las oraciones, y el sol se asoma a través de las nubes. Ahora el timonel puede encontrar el curso hacia el oeste –la dirección tomada por las dos expediciones que habían hecho el viaje anteriormente.

Vapor

Vapor

Vapor

Consejo práctico

Slop

Frota de vez en cuando grasa de oveja o de otros animales sobre tus botas de piel de cabra. Esto las suavizará y dejará a prueba de agua.

No estamos perdidos. Solamente no sabemos dónde estamos.

¡Por fin tierra!

**A** la mañana siguiente, un grito te despierta: "¡Tierra a la vista!". Desde el barco puedes ver que la costa de la misteriosa tierra nueva es montañosa y helada, sin pasto ni árboles. Thorvald la reconoce como Helluland, o "tierra plana rocosa", el lugar que Leif Erikson describió después de su propio viaje. El timonel gira el barco para seguir la costa hacia el sur, y el paisaje mejora.

HALLAR TIERRA. Thorvald siguió la ruta tomada por su hermano Leif, cruzando el océano hacia el occidente hasta que vio tierra.

VARAR EL BARCO. La tripulación debe saltar a tierra y agarrar las cuerdas para halar el barco lo más adentro de la playa que pueda. Esto evitará que sea arrastrado.

Ahora, de acuerdo con Leif, esta debe ser Vinlandia.

LEIF ERIKSON, hijo de Erik el Rojo, navegó hacia el occidente en el año 1000 en busca de una nueva tierra y de suministros de madera.

Leif arribó a la costa de Norteamérica (probablemente Terranova).

Tú llegas a los que Leif llamó Marklandia, o "tierra de la madera", la cual es plana y cubierta con bosques espesos. Finalmente llegas a Vinlandia, o "tierra del vino", donde el clima es más cálido. Thorvald dirige su tripulación a la costa. ¿Pero qué peligros estarán acechando?

Consejo práctico

Usa troncos como rodillos para halar tu barco a tierra.

Grrrr

Césped y madera: Cómo construir un asentamiento

Cómo hacer vino:

ESCOGER LAS BAYAS. Aquí crecen arándanos enormes. Puedes transformarlos en vino.

Splish

APLASTAR. Pon las bayas en un balde y aplástalas con un trozo de madera. Deja que el jugo se fermente hasta volverse vino.

BEBER. Hacer vino es una buena manera de preservar el jugo de las frutas silvestres. Puedes tomarlo durante el frío invierno.

Primero construye una cabaña grande. Lleva las herramientas y el equipo, y busca un sitio plano protegido del viento. Algunos hombres derriban árboles, le dan forma a la madera y hacen la estructura del edificio. Tú levantas tepes de césped para cubrir el techo y las paredes. Todas estas paredes tienen más de 1 metro de espesor y los abrigarán en invierno, cuando el fuego esté quemando la piedra del hogar.

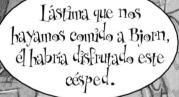

Lástima que nos hayamos comido a Bjorn, él habría disfrutado este césped.

Cientos de aves marinas tienen sus nidos en los arrecifes de la costa. Roba sus huevos para hacer una comida rápida.

Consejo práctico

PESCA. El mar está lleno de peces como el bacalao y el arenque, y en los ríos hay salmones y anguilas. Todos pueden secarse, salarse y preservarse para el invierno.

Invierno en Vinlandia

os inviernos son largos y extremadamente fríos en Groenlandia, con días cortos y muchas horas de oscuridad. Pero Vinlandia está mucho más al sur, así que el verano es más largo y el invierno no es tan frío. Hay menos nieve y el pasto sigue creciendo casi todo el año. De todos modos, debes pasar muchas tardes de invierno acurrucado alrededor del fuego humeante en tu cabaña. Pasan el tiempo contándose historias unos a otros sobre las grandes obras de los antiguos héroes y los dioses; el terrorífico Thor y su poderoso martillo, Mjollnir.

EXPLORAR TIERRA ADENTRO. En verano, Thorvald lidera una expedición a las montañas y los bosques de occidente. Encuentras lagos llenos de peces y los bosques llenos de animales como osos, venados y antílopes.

Thor

Valkiria

TALLA. Muchos vikingos son hábiles tallando objetos en madera o en hueso. Hacen figuras de dioses o artículos de la vida diaria como cucharas y tazones.

Frey

TABLEROS DE JUEGO. A todos les gustará jugar hnefatafl (se pronuncia "nefatal"), un juego parecido al ajedrez, donde mueves las fichas para intentar capturar al rey.

¡No estás solo! Los skraelings

Los primeros americanos

Hace miles de años, una capa de hielo unió los continentes de Asia y Norteamérica.

Los primeros americanos probablemente caminaron sobre el hielo desde Asia a Norteamérica hace unos 20 000 años. Desde allí, lentamente, se esparcieron e hicieron asentamientos. Los vikingos los llamaron skraelings.

n día, encuentras tres rocas a la orilla del mar, pero parecen estar hechas de madera o de cuero. Tú y tus compañeros les dan vuelta, y ahí, acurrucados debajo, ¡hay unas personas! No tenías idea de que alguien más viviera en este remoto lugar.

Los extraños llenos de pánico, saltan aterrados al ver tus armas.

Los skraelings estaban escondidos bajo sus botes, hechos de pieles de foca o de alce templadas en marcos de madera.

¡No pretendan ser rocas otra vez!

Los vikingos eran hostiles con quien no fuera uno de ellos y mataban algunos extraños. Aquellos que lograban escapar regresaban con los suyos, entonces los sckraelings o "bárbaros gritones", podían planear una revancha.

Los skraelings fueron, probablemente, cazadores que viajaron al sur en busca de focas y aves marinas.

Mantén afilada siempre tu espada; ¡nunca sabes cuándo podrás necesitarla!

¡AAaaah!

¡AAaaah!

Cazar y almacenar alimentos

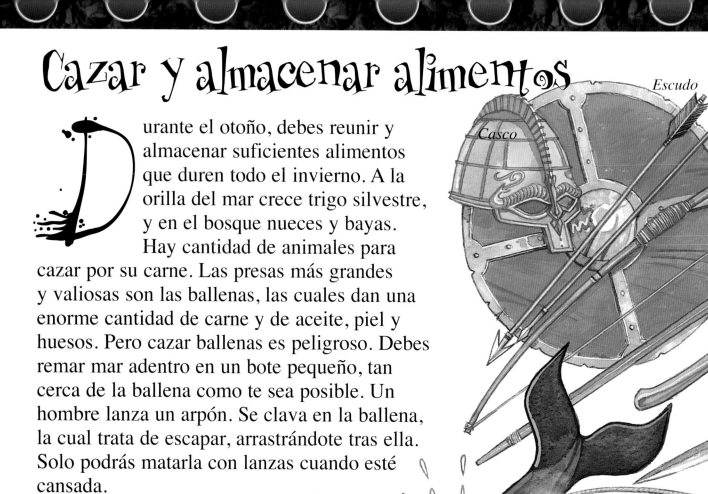

Escudo

Casco

Durante el otoño, debes reunir y almacenar suficientes alimentos que duren todo el invierno. A la orilla del mar crece trigo silvestre, y en el bosque nueces y bayas. Hay cantidad de animales para cazar por su carne. Las presas más grandes y valiosas son las ballenas, las cuales dan una enorme cantidad de carne y de aceite, piel y huesos. Pero cazar ballenas es peligroso. Debes remar mar adentro en un bote pequeño, tan cerca de la ballena como te sea posible. Un hombre lanza un arpón. Se clava en la ballena, la cual trata de escapar, arrastrándote tras ella. Solo podrás matarla con lanzas cuando esté cansada.

Splash

Splash

ALMACENAR ALIMENTOS. El pescado y la carne se conservan colgándolos para secarlos al viento, o sumergiéndolos en agua salada. ¡Se almacena corteza de pino, para comerla si todo lo demás se acaba!

HERRERO TRABAJANDO. Los hábiles herreros vikingos pueden hacer cualquier cosa, desde cabezas de hacha hasta calderos para cocinar. Usan pinzas para sostener el metal caliente sobre el yunque, lo cortan y le dan forma martillándolo.

Armas

Arco y flechas

Lanza

Hacha

Puñal

Espada

Los vikingos siempre están listos para pelear y llevan sus armas con ellos todo el tiempo. Protegen sus cuerpos con escudos de madera y cascos de hierro. Pelean con hachas de cabo largo, espadas de doble filo y flechas con puntas de hierro, listas para lanzar y ser clavadas. Cuando entran en batalla, a veces aúllan como lobos para aterrar al enemigo.

Consejo práctico

Congela tu carne empacándola en hielo y nieve. Esto impedirá que se pudra.

¡ uuichhh!

¡Auxilio! ¡Nunca va a detenerse!

¡Bajo ataque!

Tú y tu enemigo:

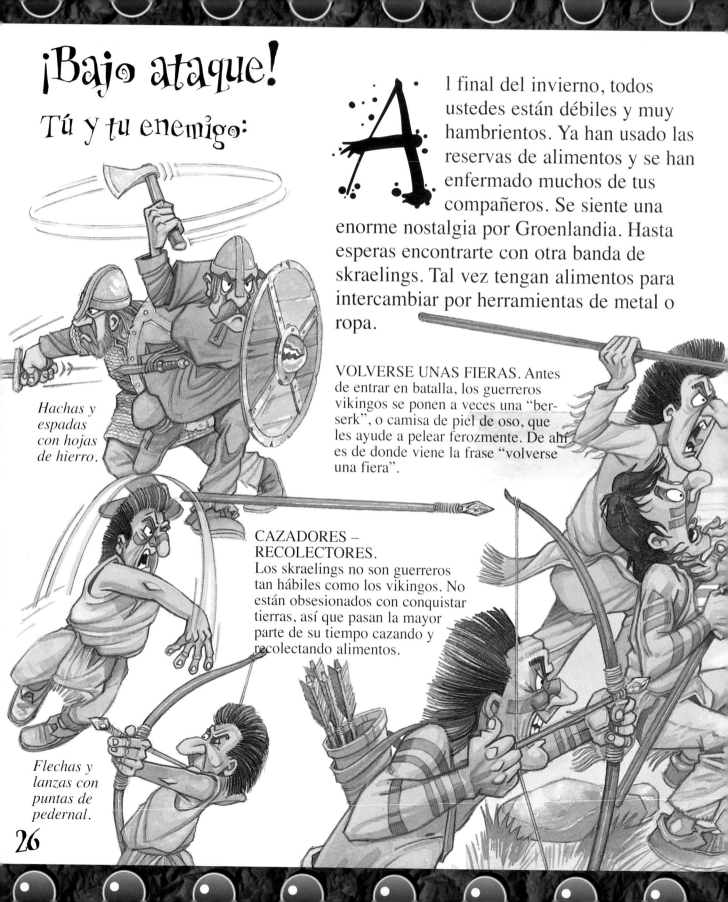

A l final del invierno, todos ustedes están débiles y muy hambrientos. Ya han usado las reservas de alimentos y se han enfermado muchos de tus compañeros. Se siente una enorme nostalgia por Groenlandia. Hasta esperas encontrarte con otra banda de skraelings. Tal vez tengan alimentos para intercambiar por herramientas de metal o ropa.

Hachas y espadas con hojas de hierro.

VOLVERSE UNAS FIERAS. Antes de entrar en batalla, los guerreros vikingos se ponen a veces una "berserk", o camisa de piel de oso, que les ayude a pelear ferozmente. De ahí es de donde viene la frase "volverse una fiera".

CAZADORES – RECOLECTORES. Los skraelings no son guerreros tan hábiles como los vikingos. No están obsesionados con conquistar tierras, así que pasan la mayor parte de su tiempo cazando y recolectando alimentos.

Flechas y lanzas con puntas de pedernal.

Los skraelings regresan, pero no están aquí para comerciar. Quieren vengarse de aquellos que los atacaron y mataron a sus amigos. Ellos te persiguen, disparando flechas y arrojando lanzas. Las armas de hierro de los vikingos los ahuyentan, pero alguien está herido. Tu jefe yace mortalmente herido por una flecha.

Consejo práctico

Con el pelo largo puedes hacer una cuerda perfecta para tu arco. ¡Arranca unos cuantos del cuero cabelludo de una amiga antes de tu viaje!

¡Whoosh!

¡Whack!

¡Y no nos digan skraelings!

27

Volver a casa

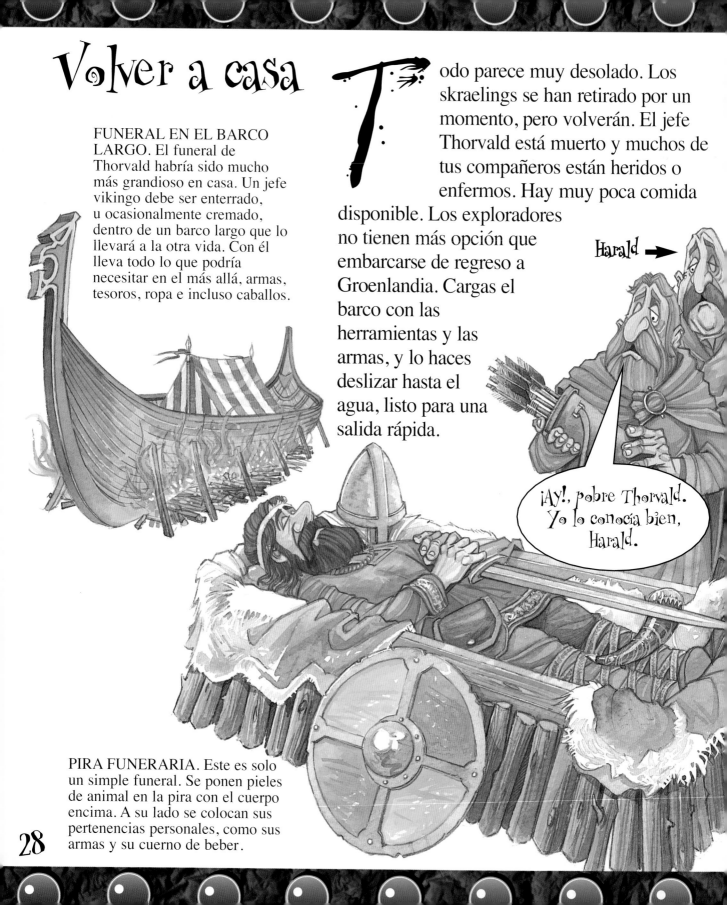

Todo parece muy desolado. Los skraelings se han retirado por un momento, pero volverán. El jefe Thorvald está muerto y muchos de tus compañeros están heridos o enfermos. Hay muy poca comida disponible. Los exploradores no tienen más opción que embarcarse de regreso a Groenlandia. Cargas el barco con las herramientas y las armas, y lo haces deslizar hasta el agua, listo para una salida rápida.

FUNERAL EN EL BARCO LARGO. El funeral de Thorvald habría sido mucho más grandioso en casa. Un jefe vikingo debe ser enterrado, u ocasionalmente cremado, dentro de un barco largo que lo llevará a la otra vida. Con él lleva todo lo que podría necesitar en el más allá, armas, tesoros, ropa e incluso caballos.

Harald →

¡Ay!, pobre Thorvald. Yo lo conocía bien, Harald.

PIRA FUNERARIA. Este es solo un simple funeral. Se ponen pieles de animal en la pira con el cuerpo encima. A su lado se colocan sus pertenencias personales, como sus armas y su cuerno de beber.

Antes de irte, debes hacer una ceremonia solemne. Apilas leña en la playa y pones sobre ella el cuerpo de Thorvald rodeado por sus pertenencias. Entonces enciendes la pira funeraria. Mientras remas alejándote y comenzando el frío y peligroso viaje de regreso a casa, observas las llamas subir hacia el cielo.

Consejo práctico

Talla un mensaje para registrar tu visita antes de irte. Talla una runa de palo inscribiendo los símbolos del alfabeto rúnico como guía.

¡y no regresen!

Oh, bueno, de vuelta a una aburrida, aburrida vida. ¡No puedo esperar!

29

Glosario

Achicar Sacar el agua de adentro de un barco.

Arpón Arma parecida a una lanza atada a una cuerda larga, usada para capturar ballenas.

Baúl (de marinero) Caja de madera en la cual los marineros acostumbran guardar sus pertenencias.

Borda Extremo superior de los lados de un bote o barco.

Botín Bienes tomados por la fuerza o ganados en una guerra.

Caribú Venado norteamericano, muy parecido a un reno.

Casquete polar Área del mar llena de grandes trozos de hielo flotante.

Colonia Grupo de pobladores en un nuevo país que todavía están gobernados por su país de origen.

Escandinavia Región del norte de Europa compuesta por Islandia, Noruega, Suecia y Dinamarca.

Estrella polar Estrella en la constelación de la Osa Menor que muestra la dirección al norte.

Fermentación Cambio químico que transforma un jugo de fruta en una bebida alcohólica.

Frey Dios vikingo de la fertilidad, quien era el responsable de que crecieran bien los cultivos.

Hellulandia Nombre vikingo para la que se conoce ahora como isla de Baffin, Canadá.

Hnefatafl Tablero de juego vikingo parecido al ajedrez; significa "rey de la mesa".

Hudfat Bolsa hecha de piel de animal usada para almacenar herramientas.

Iceberg Trozo de hielo flotante.

Markland Nombre vikingo para el área que probablemente está en la costa de Labrador, Canadá.

Mar Mediterráneo Mar que está entre Europa y el norte de África.

Odín Dios vikingo de la guerra y rey de los dioses.

Pira funeraria Plataforma de leña en la cual se deposita un cadáver para ser quemado.

Popa Extremo final de un bote o barco.

Proa Extremo frontal de un bote o barco.

Runas Letras de un alfabeto usado por los vikingos y otros pueblos nórdicos.

Thor Dios vikingo del trueno e hijo de Odín.

Timonel Miembro de la tripulación de un barco que le da dirección a la nave.

Valkirias Guerreras femeninas que eran hijas del dios Odín. Llevaban a los héroes muertos a Valhalla, el castillo de la otra vida.

Vikingo La palabra significa piratería o asalto.

Yunque Bloque pesado de hierro con la parte superior plana usada como superficie para moldear un metal caliente.

Índice